„... ein wenig vielleicht wie die Steine am Meer...“

Thomas Hoffmann

„...ein wenig vielleicht wie die Steine am Meer...“

Aufbruch zu einer poetischen Reise

Bibliografische Information der Deutschen Nationalbibliothek

Die Deutsche Nationalbibliothek verzeichnet diese Publikation in der Deutschen Nationalbibliografie; detaillierte bibliografische Daten sind im Internet über http://dnb.d-nb.de abrufbar.

Herstellung und Verlag: Books on Demand GmbH, Norderstedt
ISBN: 978 3837 0121 87

Für meine lieben Eltern

Inhaltsverzeichnis

„Aber Verfall: ist er trauriger, als der Fontäne
Rückkehr zum Spiegel, den sie mit Schimmer bestaubt?
Halten wir uns dem Wandel zwischen die Zähne,
daß er uns völlig begreift in sein schauendes Haupt.“

Aus: Rainer Maria Rilke, „Vergänglichkeit“

Abend in der Natur

Spiegelbild. Abend im Dämmerlicht.
Seele, die sich am Wasser bricht
und nicht hinaus kann aus der Welt.

Traum, der unmerklich leise fällt
auf das Leben und meine Einsamkeit –

ich bin wieder Kind für kurze Zeit
und eins mit Wasser, Baum und Blütenduft –

es wird langsam Nacht. Die Stille ruft.

<u>Reflexion über den Tod</u>

Was ängstigt mich eigentlich derart am Tod?

Dass er mich nimmt und mir die Augen schließt?
Dass er mich in die Leere gießt?
Dass er so unbekümmert bleibt von meiner Not?
Dass er „mich" auslöscht und mit mir zerfließt?
Dass ich die Abschiedstränen vielleicht allzu lange
ertragen muss auf meiner Mutter Wange?

Was ist dieses Dunkle, das uns alle bedroht?

<u>Gedanken über Liebe und Tod</u>

Wirst Du mich nach Hause lieben
durch die flüsternd weiche Nacht?
Hab mein Herz an Dich verschrieben,
mich in Sehnsucht aufgerieben
und mein Leben ist vollbracht.

Wirst Du bei mir sein am Morgen,
wenn ich fort muss aus der Zeit?
Wird Dein Lachen mich umsorgen,
bin ich noch bei Dir geborgen,
wenn mein Klang die Welt beschneit?

Werd ich bei Dir träumen können,
durch den Raum, der uns durchbricht?
Wirst Du mich Dein eigen nennen,
durch die Weiten, die uns trennen,
einsam-still beim Sternenlicht?

<u>Menschen ohne Namen</u>

Menschen ohne Namen
mitten unter uns allen –
deren Blick uns endlos berührt...

Wir sind die Blätter,
sie sind das Fallen,
wir sind Bilder,
sie sind die Rahmen,
die helfenden Hände,
die niemand verliert,
die durch endlos einsame Nächte
uns wieder und wieder
zusammengeführt...

Sie sind unseren Tränen die Wangen,
unser gestilltes, wehes Verlangen...

die Menschen ohne Namen,
die überall bei uns sind...

Ich weiß nicht, woher sie kamen,
diese tief-tiefen Herzen,
die unseren Flügeln der Wind,
und unserem Schimmern die Kerzen,
und all unserem Blühen und Hoffen
unendliches Leben sind...

Sehnsucht nach Dauer

Nicht weinen, mein Herz,
deine Suche ist leer –
auf immer sind die Momente verschlossen...

Es ist nur das Dauerlose,
die Tränen, sinnlos vergossen...,
ohne Heimat und Schmerz –
ein wenig vielleicht wie die Steine am Meer...

Nur einmal nach Fortgehn mich sehnen,
irgendwo anders her
einen Hauch dieser Schönheit entlehnen,
dieser Schönheit am endlosen Untergehn...

Ich will gar nicht verstehn,
ich will mich weiter verzehren,
am Gier'n meiner Sinne
nach Bleiben und Wiederkehren...

Ist dieses sterbende Leben
nicht unendlich schön...

<u>Sinne</u>

Ich werde meinen Sinnen nie verbieten,
ihr tiefes Lied zu lieben, wo ich lebe –
uns war doch nie ein solcher Tanz beschieden,
und jetzt soll alles schweigen,
dass ich mich erhebe?

Ich will nicht sehen, wovon Wissen spricht,
vergießen will ich mich, wo immer ich auch kann –
soll ich in diesem lieblichsten Gedicht
mein Sein verlieren
an ein Irgendwann?

Spirituelle Augenblicke

Wenn Lichter zärtlich ineinander greifen,
und Dinge sich entfalten in den Raum;
wenn alle Bilder sanft zu Wahrheit reifen,
und nichts mehr wacht,
in sehnsuchtslauer Nacht,
als meiner Hoffnung Traum... –

Dann wächst in mir ein sonderbares Schweigen,
ein Schweigen unverständlich wie ein junger Baum,
mich ganz durchdringend, um in mir zu steigen
und sich zu halten wie ein Klang –
mein Herz gewahrt es kaum –,

um seine Liebe und sein Leben,
ein leises Taumeln lang,
an alle Tiefen dieser Welt zu geben...

<u>Still, meine Seele...</u>

Still, meine Seele, still,
keine Furcht, es ist wahr:
es kann schwer sein zu lieben...

Ich weiß nur, dass ich leben will
und alles fühlen, was tief ist und klar –
zu sehr bin ich Kind geblieben...

Ich kann so vieles nicht sehn,
vielleicht kann ich nichts als fühlen –

wer kann die Melodie dieses Lebens spielen,
wer ihren Hall durch die Nächte verstehn?

Ich will immer das Leben befragen,
es soll mir zeigen,
welche Früchte die Ängste tragen... –

wie die Liebenden sich zueinander neigen,
im Wind der Schwermut... –

es soll mir alles zeigen,
was meinem Herzen gut tut...

<u>Verlust und Vergessen</u>

Diese Welt wird mich vergessen,
wie auf Morgentau ein Dämmerlied;
meiner Liebe Wagnis war vermessen,
ich bin hoffnungslos besessen,
von dem Traum, der mich verriet... –

Ich kann nicht ein Wort mehr sprechen,
doch Dein Lachen wird an meinen Dingen,
sich für immer in die Winde brechen,
und ich werde mich an jenen Tagen rächen,
die jetzt nie mehr für uns widerklingen... –

Und ich werde atmend Nacht um Nacht,
in den Bildern, die sich nie bewegen,
das Vergessen, das mich traurig macht,
und die Zeit, die alle Wartenden verlacht,
still in Deinen Händen niederlegen.

Am Fluss

Wind um mich in der Welt,
ewiger Fluss unter dem Wind... –
Wind in meinem Haar, Wind auf meiner Haut,
Wind in meinen zärtlichen Augen...

Blätter über der wogenden Nacht,
Tanz voller Sehnsucht
träumender, leidender Herzen
am Fluss, längst vergangener Liebe...

Wie ich sie immer noch fühle,
zerspringende Herzen der Zeit... –
Über den Blättern im Wind,
unter den Sternen am Wasser,
das stirbt und verblüht
alle Zeit...

Und die Träume um mich herum,
die noch immer, noch immer
überall leben...

Am Meer

Es geht in dieser sanften Nacht
das Einsamste zu mir in seinem Weinen –
weit aus des Schicksals Fernen hergebracht,
will es sich nun mit meinem Herz' vereinen.

Doch ich, ich treibe blind durch meine Zeit,
und fühle diesen Klang nicht zu mir eilen –
ich klage nur und bin dem Leben längst zu weit,
nichts will von mir mehr bei den Dingen weilen.

Es gleitet mir das Dasein durch die Hände,
doch plötzlich holt mich dieses Lied zurück –
vorbei mein Wundern um die Gegenstände,
vorbei mein Ringen um den Traum vom Glück...

<u>Angst vor der Stille</u>

Diese Angst vor Verstummen in mir,
Sehnsucht, tief-traurig, nach wallendem Klang... –

Sanft-wärmender Überschwang
allen Lebens im Hier... –
ich fürchte die Dunkelheit.

Er ist mir vielleicht zu weit,
dieser Gang aus der Zeit
ans Licht...

Bilder

Auf warmen Winden bin ich geweht,
auf den süßen Schatten Deiner Lider –

ein verträumter Hall,
der verblüht und vergeht... –

Bilder von Bildern von Bildern,
immer und überall,
wieder und wieder... –

und ich: im ewigen Fall
dieses Sterben zu mildern...

<u>Bleiben</u>

Ich möchte die Zeit zerbrechen,
sie halten, bis sie verlischt

auf der Tiefe schillernder Oberflächen,
bleibender, hastloser Liebe,
die mein sehnendes Herz durchmischt...

Lass mich, heute Nacht, ruhen in Deiner Hand,
Du allein hast mein Leben benannt –

bevor ich für immer zerstiebe...

Das Leiden des Verliebten

Ich weiß nicht mehr... –
wie viele Nächte lag ich wach,
und litt, und sehnte vor mich hin?
Ist das, was ich Dir sagen will, so schwer?

Wie oft hab' ich mir, ach,
mein Herz in stillem Leid zerrissen,
hab mir die Augen ausgeweint,
allein, allein, im weichen Kissen.

Und weiß ich immer noch nicht, wer ich bin?
Ich muss Dir schreiben, wie mir scheint,
mein Leid, mein Leid, darum ich tausendmal geweint:

Ich will Deine Liebe sein und Dein Leben,
Deine Hoffnung, Dein Schmerz –

Ich will Dir all meine Träume geben,
all meine Gefühle, mein Herz –

Wenn ich Dich sehe, verliere ich mich,
wenn ich leide, ersehne ich Dich –

Ich höre alles, was Deine Augen sagen,
alles, alles will ich für Dich ertragen.

Ich zerfließe in Dich,
ich verliere mich –

Rette mich, halte mich fest!
Küsse mich, Du bist so sternenlichtschön –
ich entführe Dich, wenn Du mich lässt,
meine Liebe, mein Leben, mein Auferstehn.

<u>Der lange Weg</u>

Wenn ich auch sonst nichts sagen kann – ich weiß:
ich habe Nächte durchschritten,
ja, ich bin jetzt allein –

vielleicht muss man einsam sein,
um sich zu finden.

Und damit meine ich nicht,
das Sein zu durchdringen und zu ergründen –

nein: ich habe ein Leid gelitten,
um meine eigenen Wunden zu binden –
und ich wurde mir selbst zum Licht.

Vielleicht muss man die Tage verlassen
und durch das Dämmerlicht und das Dunkel gehn,
um einmal, nur einmal deutlich und klar zu sehn,
was uns so sehr blendet, bevor wir es fassen...

Ich habe meine Heimat verlassen,
um diesen Weg zu gehn
und sein Warum zu verstehn...

Am Horizont, noch weit, kann ich den Morgen sehn...

<u>Dieses Gefühl...</u>

Es ist da, dieses Gefühl,
dieses: ich bin bei allem –

Ich bin bei den Steinen dort,
und hinten, am Horizont, bei den Bäumen –

dieses: ich bin bei allem...

Ich bin ganz nahe bei mir und unendlich weit fort
in diesem Moment... – bei den rauschenden Säumen
des Meeres, an einem ganz anderen Ort –

dieses: ich bin bei allem...

Ich bin bei der Hand dort von diesem Kind,
und in der Nacht bin ich in seinem Träumen –
ich bin über den Ländern im Wind...
Abends, wenn es dämmert über den Fernen
der Welt bin ich bei den schimmernden Sternen...

Es ist da, dieses Gefühl,
dieses: ich bin bei allem...

Dieses: ich bin bei allem...

<u>Ein Gedanke über die Zeit</u>

Mir scheint, die Zeit ist eine Melodie,
gespielt zu den tanzenden Dingen
von meinem Herzen... –

So sehnsuchtsschwer oft, beinahe traurig, wie
ein verblassender Schein von Widerklingen,
ein zärtlich-reiner Hauch Melancholie –

und doch auch wie ein ewig warmer Schein,
ein Liebeslied von bittersüßen Schmerzen –
ich konnte diesem Klang noch niemals widerstehn...

So kommt die Zeit oft wie vom Meer zu mir, allein,
und ich, ich stehe still, um sie verwundert anzusehn,
und durch sie diesen wundervollen Glanz der Welt,
der mich erschauert, der mich liebt und mich erhält,
und mich inmitten dieses Lebens stellt...

Ein Stück von mir

Ich verliere ein Stück von mir
an alle Dinge,
die ich empfinde...

Entschwindend im Hier,
wie furchtsame Ringe,
wie Abendlicht linde...

Wie hältst Du mich bei Dir,
so voll zärtlichster Gründe,
hinein in die Winde,

dass ich erklinge...

Existenz

Wie ich auch weile und suche,
vergeblich, nur lichter Hauch,
dahingeworfen auf
verkleidete Weiten,
überall
nichts von mir... –

kein Heim mehr für mich
in beschimmertem Sand,
kein Trost für mich in den Winden...

Dieses nächtliche Taumeln der Welt,
unerschöpflich das Spiel des Sterbens,
die Stufen brechenden Lichts,
ermattbare Kraft der Träume... –

Ich wanke und woge,
mich suchend und suchend,
zwischen unendlicher Liebe
und flüsternder Nacht –
Nichts will mich halten...

Aber ich bin
in Dir, mein Leben,
irgendwo,
tief...

<u>Für N.</u>

Ich kann nichts mehr begreifen,
kann nichts bei mir halten,

meine Träume gehen sich aus...;

ich war immer so
unendlich nah
bei den Dingen,
aber nun bin ich bei Dir
zuhaus...;

Ich bin wie Schatten, auf Nächte gelegt,
kann mein Leben nicht geben;

Ich will schlafen dürfen
auf Deinem Herzen...,
eingeflochten sein in Dir,
in alle Bilder,
die Du atmest...;

als unsichtbarer Hauch
eingewoben sein,
sehnend und wartend in allem,
das Dich berührt...;

Auf Deiner Hand
hinausfließen mit Dir
aus den Dingen...;

unendlich nahe sein
an Deiner Seele,
nahe sein
bei Dir... –
tiefer als alles Leben...

Ich bin wie Sand
in den Winden,
die sich aus Wehmut heben;
Sand, den ich durchsiebe,
immerdar...

nach Ewigkeiten mit Dir... –

weil ich Dich liebe...

<u>Geborgenes Fallen</u>

Wir sind gekommen
aus Fernen, so weit...,
und gehen in Fernen zurück...

Manchmal wird uns ein Glück
aus dem Herzen genommen,
und wir fallen...,
hinaus aus der Zeit...,

in das endlose Jetzt aller Dunkelheit,
ohne zu hallen –
Traum allen Gebens...

Wogend in uns,
Windung des Lebens,
Schimmer eines verborgenen Munds...

<u>Gedanken bei Nacht</u>

Zeit unüberwindlicher Nacht,
immerdar Sehnsucht in meinem Herzen –
Tränen tropfender Schwere, weinende Kerzen,
stille Bedecktheit, wie Nebelwacht...

In mir Melodien der Liebe,
endloser Lust verborgene Windung,
versunken in Ruhe erflehender Findung
entstehender Lichthauch der Trübe...

Ein Wächter heimatschluchzender Einheit,
traumverfallen dem Sterben der Dauer,
beharrender Gast verzehrender Trauer,
und Weg sich endlos suchender Reinheit...

<u>Gedanken der Liebe, am Meer...</u>

Ich überschreite die Täler der Zeit,
träumend im Tanz meiner Hände;
mein Meer brandet versonnen an Strände
und kein Erklingen der Liebe ist mir zu weit.

Du hast Dich in meine Hände gelegt,
wie das ewige Lied sich legt auf die Halme;
noch weit sanfter und tiefer als alle Psalme
hast Du mir mein Herz in die Winde bewegt.

Es ist über den Bildern der Dinge
nun das Glück meiner Seele,
das mich nicht mehr verlässt;

der Vergänglichkeit lieblichster Rest
von Frieden, an dem ich erklinge –
ein Hauch reinsten Lebens, den ich bestehle...

<u>Gedanken zur Endlichkeit</u>

Ich denke manchmal, das muss ein Traum sein:
all diese Schönheit, die so unweigerlich stirbt –

Ich denke manchmal, das muss ein Traum sein:
Angst der Ängste, die mich wachsend umwirbt –

wie mich alles verzehrt in den Nächten im
Mondschein…

Ach, mein zerrissenes Herz, meine Not,
ich weiß wahrlich nicht viel, doch ich glaube:
die menschliche Liebe kämpft gegen den Tod.

Wenn Du ein Träumer bist, wirst Du träumen,
auch wenn Du spürst, dass Dich alles berührt –
auch wenn Du spürst: in den sterblichen Räumen
wirst Du den Frieden nie finden, der Dir so sehr
gebührt.

Ich denke manchmal: das muss ein Traum sein,
wie ich wandle und wandle und langsam ermüde –

ich denke manchmal, die Zeit will geliebt sein,
von der sehnenden Brust einer gebrochenen Blüte.

<u>Getrennt</u>

Die Welt
ist nicht mehr
die Welt
unserer Herzen...

Was macht uns blind
für die Stille in unserem Innern?

Ist das schwer zu sehen?
Wir müssen doch gar
darin leben –
doch daran glauben
das müssen wir nicht...

Die Welt
ist nicht mehr
die Welt
unserer Herzen...

Ich fürchte mich vor dem,
was uns bricht,
vor dem,
was uns Mächte rauben,
vor dem,
was wir irgendwie
selber sind...

Wir sind
Flimmern und Flackern,
das kämpft,

Wie herbstliches Laub im Wind...

Dieses Gleichnis ist

leicht geboren,
doch es lässt mich glauben:

wir sind wohl entzweit,
doch nicht verloren...

Die Welt, die uns trennt,
ist nicht mehr
die Welt
unserer Herzen...

<u>Ich werde gehen...</u>

Ich werde an den Bergen vorübergehn,
die ich nie übersah –
Ich werde lächelnd vor den Schatten stehn,
wie in mir, als ich lebte, alles geschah:
träumend und hoffend, zärtlich und nah...

Es ist nur ein endloses Werden,
darin wir sind,
in all unserem Lieben –

ein Blühen, das schimmernd vorüber rinnt,
ein Hauch von Hoffnung im Abendwind,
ein Meer von Sternen, die auseinander stieben,

ein Duft von Jasmin in einsamen Gärten...

<u>Melancholisches Abschweifen</u>

Mein Körper steht am Rand der Zeit,
ich weiß nicht mehr, wofür ich lebe... –
ich will mich halten, doch ich bin befreit,
nicht fühlend, dass ich mich vergebe...

Ich bin ein stilles Licht, das einsam sinnt,
träumend hin zur Nacht der Nächte,
fühlend, dass sein Reich verrinnt,
sich erlösend in das höchst Gerechte...

Nächte im Gewitterregen

Ich liebe diese Nächte im Gewitterregen:
das Einsamsein auf den verträumten Wegen,
und wie die Tropfen sich auf meine Hände legen,
mich sanft zu trösten und gesund zu pflegen –

ich liebe diese Nächte im Gewitterregen.

Ich will alles um mich berühren,
alles, was lebt –
vielleicht muss ich alles verlieren,
um nur einmal zu spüren,
wie es ist, wenn man lebt...

Philosophische Reflexion

Ich muss die Dinge sehr viel kleiner denken,
sie strömen mir durch meine leere Hand –
ich sollte mich vielleicht an sie verschenken,
stattdessen zwänge ich sie in ein enges Land...

Ich träume nachts oft von den weiten Feldern,
auf denen ich jenseits des Sinnes stehe –
da winken mir die Dinge von den fernen Wäldern,
dass ich zu ihnen nur durch die Gefühle gehe...

<u>Sehnsucht nach Leben</u>

Ich bin tief gehüllt,
in Sehnsucht nach Leben... –

Von pulsierender Lust erfüllt,
in alles mich einzuweben,
und wartend zu sein...

Ich kann mich nicht geben,
wir sind allein.

Traum eines alten Mannes

Manchmal noch träume ich diesen Traum:
schwacher Mondschein fällt in einen Raum –
es ist still, ich fühle nichts mehr von der Zeit.
Nur Du und ich, versunken in der Dunkelheit.

Mein Gesicht ist einem Fenster zugewandt,
ich blicke auf zum Mond und Deine Hand
streicht über meine Wange, mein Gesicht –
wie lange wir so schweigen weiß ich nicht.

In deiner warmen Brust der sanfte Atemzug
ist mir in dieser Nacht Gespräch genug –

Erwacht – wie lange schon ist jene Nacht vorbei!
Vor vielen Jahren bist Du schon gegangen,
ich blieb allein, im Leben noch gefangen,
allein, allein, in all den Jahren –

wo wir doch endlos tief verbunden waren...

Noch immer ist der Traum mir Halt in meiner Not
und gibt mir Kraft zu meinem letzten Reim:

komm nimm mich zu dir, Tod,
und führ'
mich
heim…

<u>Vergänglichsein</u>

Ich entberge mich, wieder für einen Moment,
ich suche, ich denke zurück:
ach, mir scheint ich bin weit, so weit getrennt,
vom Dasein im Augenblick.

Die Wiesen und Bäume im Abendlicht,
ihre tröstende Schönheit, mein Glück –
ach, meine Sehnsucht, die mich zerbricht,
diese Tragik des Nie-mehr-Zurück…

Ich denke manchmal: ich werde berührt,
ja, von den dunkelsten Tiefen –
wo ist mein Sinn?

Ich werde von jenen sein, die nie schliefen,
von jenen, die alles verführt –
Leben und Leiden, ach wohin nur, wohin?

<u>Verloren...</u>

Meine Hand heute Nacht,
schreibender Vorstoß,
brechendes Ungemach,
rastloser Weg,
hinaus aus unstillbarer Sehnsucht
nach der Melodie
in allen Dingen...

Gesichter überall, voller Gefühle,
noch immer kindlich,
Augen an Glas gelehnt,
süßer Blick in die Bilder,
gehalten nur noch
von Hoffnung auf ein
Ineinandergehen gebrochener Träume,
gewesener Augenblicke,
irgendwann...

Und hindurch durch all dies
wieder vorsichtig ich,
gefangen verweilend in all dem,
so verwundert berauscht,
voller Liebe...

Mitten in all dem ich,
Straßen entlang voller Widerklang,
ängstlich tastend, verborgen,
Herzen berührend... –

unendlich tief lebend,
niemals vergessend,
im Sterben zu sein.

Wandel

Ich fließe aus über Steine,
tastend nach Tiefe zu schreien –
still geht mein Klang durch die Haine...

Das Flackern der Zeit
will mir kein Leben leihen,
wie laut ich auch weine.

Wie laut ich auch klinge
und taumelnd das Bleiben versuche,
ich bin doch nur singender Regen,
auf verspiegelten Wegen,
der sich vergibt an die Dinge –

Wie ich auch ringe und ringe,
mich in die Bilder zu legen...

<u>Widerklingen</u>

Ich bin dieses Widerklingens an Zeit
so müde, dass ich den Raum durchsinge –
so müde, dass ich an Nebeln erklinge,
und mein Leben mir nicht mehr verzeiht...

Ich bin oft so sehnsuchtsvoll stumm,
zu stumm, als dass ein Wachen mich spürte,
so verzweifelt entzweit am zutiefsten Warum,
dass noch kein Hoffen mich jemals berührte.

... und ich weinte

... und ich weinte
mein Leben hinaus aus mir... –

Es floss aus mir aus,
hin zu Dir
in jener Nacht... –

Ich weinte
mir ein Haus,
verloren im Hier,
müde gemacht

an Deiner Seele...

<u>Weg zur wahren Liebe</u>

Solange ich nicht ohne Augen sehn
und ohne Hände fühlen kann –
solange will ich nicht in Deinem Herzen stehn.

Solange ich nicht ohne Füße gehn
und ohne Arme trösten kann –
solange will ich nichts in Dir verstehn.

Erst wenn ich ganz in mir versunken bin,
und jeden Menschen nahe bei mir spüre –
dann will ich zu Dir gehen ohne Sinn,
und lange bei Dir sein, bevor ich Dich berühre.